Lm. 528.

LA RENOMMÉE.

FASTES POLITIQUES ET PARLEMENTAIRES.

NOTICE BIOGRAPHIQUE

SUR

LA FAMILLE LANJUINAIS.

PARIS,

AUX BUREAUX DE LA RENOMMÉE,

RUE NOTRE-DAME-DES-VICTOIRES, 14,

ET A TOUS LES DÉPÔTS DE PUBLICATIONS.

1842.

LA FAMILLE LANJUINAIS.

LA FAMILLE LANJUINAIS.

Il est une époque de notre histoire que, jeune homme, on ne peut contempler qu'avec une profonde admiration, et en même temps avec un secret effroi, tant est grandiose et terrible le spectacle offert par les événemens de ce temps-là, tant les hommes qui figurèrent sur cet immense théâtre ont trouvé en eux les plus héroïques qualités, les talens les plus divers, les plus énergiques vertus. Cette époque, ce spectacle, c'est la Révolution française ; ces hommes sont les géans qui l'ont entreprise et la plupart de ceux qui l'ont consommée. Parmi ceux-ci il en est quelques-uns que, par les événemens mesquins qui nous entourent et au sein de la douce oisiveté que nos pères nous ont faite, on n'étudie qu'avec étonnement et quelquefois avec dégoût; mais parmi ceux-là, c'est-à-dire parmi ceux qui ont les premiers mis en mouvement le char de la Révolution, que de force, que de puissance! Comme, vivifiées, exaltées, agrandies par les circonstances, les intelligences de la Constituante se dressent du sein de l'histoire dans toute leur grandeur, dans toute leur majesté! Comme il leur a fallu d'audace pour renverser toute une monarchie, une société tout entière! et de génie pour reconstituer sur le terrain du passé les bases du monument des institutions à venir! Royauté, noblesse, clergé, lois civiles et criminelles, division territoriale, état civil, législation sur la presse, l'armée, les finances, les gens de mer, la liberté du culte, elle a tout touché, tout étudié, tout régénéré, cette Assemblée constituante; et ce que, dans sa course rapide, elle n'a pu refaire à son image, les créations qu'elle n'a pu achever, elle les a léguées, revêtues d'une superbe ébauche, aux hommes qui devaient venir plus tard, et les parfaire.

Mais aussi quelle assemblée compta jamais dans son sein autant d'intelligences d'élite? Voyez auprès de Cazalès, cœur chaud, tête ardente, Bailly, arraché de la veille aux savantes contemplations des phénomènes de l'univers, esprit grave et doux, courageux et mélancolique déjà, comme au jour où en face du bourreau il *trem- blera de froid et non de peur.* Plus loin Talleyrand, *le mensonge incarné,* en face de Barnave, jeune et brûlante éloquence qu'un sourire royal perdra bientôt. Ici, Camus, fougueux apôtre, près de Montesquiou pour qui le dédale des finances n'a pas de mystères : là, Merlin, aujourd'hui encore le prince de nos légistes, et Sieyès, qui le premier a proclamé l'omnipotence démocratique, qui impose à ses collègues ses idées, nous allions dire ses rêveries, sur les constitutions des peuples ; et l'abbé Maury, le seul homme qui puisse lutter avec Mirabeau, et qui, par ses incessantes attaques, le contraigne à se montrer sans relâche sur la brèche, et à rester le plus grand, le plus irrésistible orateur du monde. Et Lanjuinais enfin, l'un des plus savans, des plus convaincus, des plus sincères, l'homme dont nous allons étudier les travaux et la vie.

Jean-Denis LANJUINAIS était Breton. Il naquit à Rennes le 12 mars 1753. A 18 ans il était docteur ; à 21 ans il professait le droit canonique ; à 25, il siégeait dans les états de sa province en qualité de conseiller : c'était en 1779, au plus fort des idées philosophiques, alors que toutes les institutions civiles et religieuses, ébranlées par les sarcasmes du penseur de Ferney, et par les déclamations éloquentes de Jean-Jacques, n'attendaient plus qu'un effort pour s'écrouler. Lanjuinais prit place parmi les démolisseurs; et, à plusieurs reprises, dans d'ardens plaidoyers, dans de fréquentes brochures, il battit en brèche les prérogatives vermoulues de la noblesse, de laquelle il osa dire, l'un des premiers, *qu'elle n'était pas un mal nécessaire.* Bientôt député aux états-généraux par le tiers-état de Rennes, il commença l'une des plus belles carrières politiques que présentent les annales parlementaires.

Lorsqu'on examine attentivement les divers discours qu'il prononça à cette époque, il est facile de voir à quels principes il rattachait ses convictions, et quelles théories il professait sur les institutions politiques. Sans être républicain, il voulait une monarchie purement démocratique ; il repoussait les priviléges, les distinctions, les décorations dont il refusait l'usage au roi lui-même et à sa famille. Quant aux affaires religieuses, il se rallia aux idées contenues dans l'acte fameux et si fécond en malheurs, désigné sous le nom de *Constitution civile du clergé.* Uni de pensée avec Camus, comme lui homme sincèrement religieux, comme lui animé d'une grande sincérité et d'un grand zèle pour le redressement des abus que l'Eglise avait laissé glisser dans son sein, il chercha dans les traditions primitives du christianisme un remède aux fautes, aux scandales même que le clergé avait présentés long-temps aux yeux du peuple. En souvenir des jours où d'éclatantes vertus distinguèrent les premiers apôtres et les martyrs de la croyance chrétienne, il voulait laisser aux fidèles le choix de leurs pas teurs, il demandait que l'Église cessât de donner l'affligeant spectacle de prélats magnifiquement dotés, commandant à un peuple de curés vivant de précaires aumônes. Certes, l'intention de Lanjuinais était pure, et ses vues noblement élevées ; mais le projet de décret dérangeait trop de puissans intérêts pour qu'il ne rencontrât pas une énergique opposition au sein de l'Assemblée. Le député breton défendit hardiment une œuvre qu'il avait en grande partie préparée, et, fort de sa profonde érudition sur les affaires ecclésiastiques et sur le droit canonique, il fut un des orateurs les plus éloquens et des mieux écoutés sur cette question immense par les résultats qu'elle produisit. Le décret fut adopté, l'élection du clergé par le peuple fut ordonnée, le traitement des prêtres et évêques déterminé et mis à la charge de l'État, qui, en compensation, fut substitué à tous les droits du clergé sur ses biens.

Bientôt l'Assemblée constituante ayant fait

place à l'Assemblée législative, Lanjuinais redescendit modestement dans la vie privée jusqu'au jour où la Convention nationale fut nommée avec la mission de prononcer sur le sort de Louis XVI. Lanjuinais fut choisi par le département d'Ille-et-Vilaine pour son représentant.

De concessions en concessions, de faute en faute, Louis XVI, arraché du trône le 10 août, était tombé dans les prisons du Temple : la royauté était morte étouffée par la Révolution qu'elle n'avait su ni contenir, ni diriger. Nous l'avons dit, Lanjuinais, quoiqu'imbu d'idées fort libérales, n'était pas républicain ; et d'ailleurs, il y avait dans son esprit trop de saine raison, dans son cœur trop d'humanité pour qu'il ne protestât pas contre la voie sanglante où l'on avait engagé la Révolution ; et comme le courage et l'audace étaient ses qualités les plus éminentes, ses protestations furent énergiques et fortes. Il flétrit, comme ils le méritaient, les horribles massacres des prisons, où tant d'innocence et de vertu périt sous la hache d'une poignée de misérables. De même qu'il avait osé s'attaquer à Mirabeau quand il vit celui-ci abandonner la cause qu'il avait long-temps soutenue, de même aussi il tenta de renverser la tyrannie soupçonneuse et cruelle que Robespierre exerçait sur la France. Enfin, quand Louis XVI fut traduit à la barre des gens qui avaient été ses sujets, Lanjuinais fut l'un de ses défenseurs les plus courageux. De ce jour, sa perte fut décidée. Il le savait et n'en déployait pas moins d'énergie à combattre les Montagnards. Auprès de lui, Vergnaud, Guadet, Grangeneuve, Louvet, Brissot, nobles esprits pleins d'éloquence et de courage, luttaient contre la farouche et sombre Montagne. Un instant, on crut que le triomphe leur resterait; mais, abusés par leur probité politique, ils s'endormirent un moment dans leur victoire, et le géant qu'ils combattaient, rassemblant toutes ses forces, les jeta à l'échafaud. Lanjuinais fut assez heureux pour s'évader; et, pendant dix-huit mois, protégé par le dévoûment de sa femme et d'une domestique, il réussit à dérober sa tête à ses ennemis.

Robespierre succomba enfin, vaincu par les complices de ses cruautés, qui craignaient à leur tour pour leur vie. Lanjuinais reparut alors, et fut aussitôt nommé président de la Convention. Pauvre fugitif devenu tout puissant, il se dévoua tout entier au soulagement des infortunes que la Révolution avait faites, et s'efforça de faire adoucir la rigueur des lois qui frappaient les émigrés et leurs parens et les prêtres exilés. Il s'associa aux mesures qui eurent pour objet de rendre à l'Église un peu de liberté et ses temples profanés. Cette ligne nouvelle de politique réparatrice qu'il avait adoptée il la suivit fidèlement au sein du

Conseil des anciens, et les victimes de nos discordes civiles trouvèrent toujours en lui un défenseur.

Rendu à la vie privée en 1797, il revint à ses chères études de droit, auxquelles il avait dû sa première célébrité, et aussi les agitations et les malheurs auxquels il venait d'échapper. Mais ce loisir ne fut pas stérile pour son pays, car Lanjuinais l'employa à régénérer l'enseignement du droit en France. Bientôt Napoléon vint l'arracher à ses livres et à ses méditations pour l'appeler au Sénat. Ces nouvelles fonctions ne l'absorbèrent pas tellement qu'il ne pût reprendre ses travaux de savant. A partir de ce moment même, et pour donner un essor à l'infatigable activité qui caractérisait son esprit, il se livra tout entier à l'étude des langues, de l'histoire et de la théogonie des peuples de l'Asie, champ immense dans lequel il pénétra l'un des premiers, et avec succès.

La Restauration le trouva tout occupé de ces intéressans travaux, et échangea son titre de sénateur contre celui de pair de France. Cette nouvelle dignité ne lui ôta rien de sa loyale indépendance, et, dans une circonstance solennelle, dans un moment où bien peu de voix osaient se faire entendre, il prit hardiment la défense du héros de la Moskowa et s'efforça de détourner de cette tête si énergique, et en même temps si faible, là condamnation que les ultrà-royalistes eurent le triste courage d'y faire tomber. Plus tard, ce fut avec la même indépendance qu'il fit connaître son opinion sur toutes les propositions importantes que le gouvernement soumit aux Chambres, et qu'il protesta contre le rétablissement des cours prévôtales et la suspension de la liberté individuelle. Il apporta aussi le tribut de sa vieille expérience politique sur les douanes ; la liberté de la presse, le traité des nègres, la Banque de France, les communautés de femmes, etc. En même temps, il continuait ses travaux de cabinet. C'est à cette époque de sa vie qu'il faut placer la publication d'un ouvrage qui est l'œuvre d'un esprit vraiment supérieur, d'un penseur profond et sage, d'un historien érudit; cet ouvrage a pour titre : *les Constitutions du peuple français.* On lui doit encore, entre autres écrits, des *Mémoires sur la Religion,* où l'on retrouve la science de l'ancien professeur de droit canonique, unie à la philosophie d'un homme dont la vie a été rudement éprouvée; *la Religion des Indoux,* œuvre de haute critique; *Examen du chapitre du Contrat Social,* intitulé : *de la Religion civile,* ouvrage où Jean-Jacques est jugé par un esprit digne de le comprendre et d'apprécier sainement ses doctrines.

Cependant la maladie qui devait l'emporter faisait de funestes progrès; il éprouvait de plus fréquentes douleurs d'un anévrisme au cœur, dont il

était atteint depuis long-temps , et n'en continuait pas moins ses doubles travaux de savant et
d'homme politique. Peu de temps avant sa mort,
il prononça un discours chaleureux et éloquent
contre le droit d'aînesse, et fut l'un des orateurs
qui concoururent à faire rejeter le projet du gouvernement sur cette matière. Enfin , le 13 janvier
1827, il succomba à l'âge de soixante-treize ans.

C'était, ainsi que l'a dit M. le comte de Ségur,
un homme éminemment de bonne foi. Ceux mêmes dont il combattait les opinions (pourvu qu'ils
ne fussent pas le boucher Legendre, ou Chabot, le
prêtre apostat) rendaient hommage à la pureté
de ses intentions , à cette franchise sans bornes,
qui ne lui permettait de contenir aucune de ses
pensées ; qui donnait à ses discours, quelquefois
impétueux , une empreinte d'originalité qui pei-
gnait fidèlement son caractère. Cette énergie et
cette loyauté, qui faisaient le fond de son caractère, se reflétaient fidèlement sur son visage, dont
les traits étaient fortement accusés, pleins d'ex-
pression et de vigueur ; l'œil était grand et laissait échapper des regards fermes ; son front était
large, carré, comme ceux qui recèlent de grandes
et puissantes pensées ; tous ses traits enfin for-
maient un ensemble régulier respirant l'intelligence et la force.

Il laissait deux fils. L'aîné, M. Paul-Eugène
Lanjuinais, qui hérita de son titre de comte et de

son siége à la Chambre des pairs, et M. Victor Lanjuinais, dont la vie publique ne date que de 1838, époque à laquelle le département de la Loire-Inférieure le choisit pour député.

M. Paul-Eugène LANJUINAIS fut admis à la Chambre des pairs le 1er mars 1827, le jour même où M. le comte de Ségur rendait un hommage public à la mémoire de son père, en retraçant à la tribune les travaux, les malheurs et les vertus de ce noble vétéran de notre ère politique. Le nouveau pair de France avait trente-sept ans environ, et ne commença à prendre part aux travaux de la Chambre qu'après la révolution de Juillet.

Il fit partie de la Commission chargée d'examiner la loi d'organisation des gardes nationales du royaume, et de celle qui eut à demander à la pairie d'approuver la loi relative aux récompenses à accorder aux blessés et aux parens des victimes de juillet. Il fut aussi l'un des commissaires nommés à l'occasion du projet de loi sur les bannis. On sait que cette loi avait pour objet de réparer une grande injustice commise par les royalistes de 1815, presque malgré le roi lui-même et malgré son gouvernement : au mépris de la Charte, qui promettait un oubli complet du passé, les conventionnels qui avaient voté la mort de Louis XVI et signé l'acte additionnel aux constitutions de l'empire avaient été chassés du royaume. L'un des premiers soins du ministre de la nouvelle royauté avait été d'effacer de nos Codes cette loi de rancune et de vengeance. M. Lanjuinais dans le sein de la Commission vota pour l'adoption de cette mesure réparatrice. On sait que la Chambre, s'associant aux vœux de la Commission et du cabinet, approuva le rappel des proscrits.

M. P. Lanjuinais prêta son concours au gouvernement à l'occasion de quelques autres propositions qui avaient un objet semblable à celui de la mesure précédente.

Ainsi, une ordonnance du 9 décembre 1815, dépouillant les officiers de la marine militaire de leur qualité et les assimilant aux employés civils de la marine, avait réglé en conséquence le chiffre de leur pension de réforme. C'était là un cruel malheur qui atteignait des hommes déjà rudement frappés par la perte de leur état. M. P. Lanjuinais s'associa aux propositions du nouveau gouvernement qui demandait les moyens de rapporter l'ordonnance de décembre 1815, et s'efforça de faire proclamer hautement que les officiers de la marine n'obtenaient pas par là une faveur, mais que ce n'était que la réparation d'une trop longue injustice.

Il appuya encore une autre mesure qui devait avoir pour objet de faire reconnaître officiellement les grades et décorations conférés par Napoléon pendant son règne si glorieux, mais si malheureux des Cents-Jours, et que la Restauration avait constamment refusé d'admettre. M. P. Lanjuinais vota pour l'adoption de cette proposition qui devait être, disait-il, applicable exclusivement aux officiers et soldats, et n'être que le prix du sang versé pour défendre le pays contre l'invasion étrangère.

La loi sur le divorce offrit à **M. P. Lanjuinais** l'occasion de rendre hommage à la mémoire de son père, dont il se contenta d'adopter les opinions sur cette grave question. Il ajouta pourtant ces observations pleines de justesse et de sens :

« Je m'étonne qu'une des mesures les plus sa-
» ges qui vous aient été proposées depuis les évé-
» nemens de juillet rencontrent tant d'opposi-
» tion dans cette Chambre.... On a fait au divor-
» ce le reproche d'immoralité. En quoi donc le
» divorce est-il immoral? Il existe chez la plupart
» des nations qui nous avoisinent : Eh bien !
» les mœurs y sont aussi régulières que chez
» nous, peut-être y sont-elles meilleures. Je ne
» pourrais en dire autant des pays méridion-
» naux où l'on ne peut divorcer. J'ajouterai que
» le divorce est favorable aux femmes; c'est une
» garantie sociale qui leur est devenue néces-

» saire depuis que celles consacrées en leur fa-
» veur par la religion catholique sont, sinon dé-
» truites, du moins considérablement affaiblies,
» par le fait de l'abandon où se trouve aujour-
» d'hui cette religion ; car là où il n'y a plus de
» pratique, il n'y a plus de foi, et là où il n'y a
» plus de foi, il n'y a plus de religion. Tel est
» l'état où se trouve une grande portion de la
» société, où il n'existe plus, en matière de re-
» ligion, qu'une déplorable indifférence. »

C'était prendre la question à son point de vue
élevé et noblement social. On retrouve dans ce
peu de mots l'esprit religieux et grave des Lanjuinais, cet esprit qui inspira au père les éloquens plaidoyers qu'il porta en faveur de la religion aux tribunes de la Constituante, de la Convention et du Sénat.

Dans une autre circonstance, à l'époque où la
Chambre des pairs fut saisie de la loi sur l'organisation des colonies françaises, M. P. Lanjuinais fit entendre sa voix en faveur des hommes
de couleur, pour lesquels il demandait qu'on
leur facilitât l'entrée dans les conseils coloniaux.
En même temps que M. Lanjuinais siégait au
Luxembourg, les votes de ses concitoyens l'ap-
pelaient au sein du conseil-général du département de Seine-et-Marne.

A Paris, en 1830, alors que la garde nationale se réorganisait d'elle-même, il était choisi par les suffrages des citoyens pour commander l'un des bataillons de la 10e légion, et, depuis douze ans, il n'a pas cessé de se montrer à la tête de ce bataillon dans toutes les occasions périlleuses que nos discordes civiles ont fait naître.

Nous l'avons dit plus haut, le second fils du comte Lanjuinais, M. Victor LANJUINAIS, fut envoyé, en 1838, par les électeurs de Pont-Rousseau, à la Chambre des députés.

La première fois qu'il aborda la tribune parlementaire, il sut, chose assez difficile, se faire écouter attentivement par la Chambre tout entière. Il est vrai que la question qu'il traita était grave et importante, et que plus que personne il était à même de la bien connaître, car la loi dont il réclamait la stricte exécution avait été à peu près l'œuvre de son père. Cette loi de l'an XII était la consécration des efforts que ce dernier avait tentés pour régénérer en France l'enseignement des facultés. Elle portait, entre autres dispositions, l'institution d'un concours public pour la nomination des professeurs. Cette sage disposition, l'une des plus essentielles de la loi, avait été plusieurs fois méconnue. Au mépris des droits de jeunes légistes pleins de savoir et de talens, d'autres hommes avaient été admis, quelques-uns sans concours, d'autres malgré le concours, car une chaire avait été donnée à un professeur qui avait échoué successivement dans trois épreuves publiques. M. Lanjuinais signala cet abus à la tribune, il montra tout ce qu'il y avait de juste, de sage, de stimulant pour les gens de savoir et de travail dans l'institution du concours ; il fit voir quels hommes éminens ces épreuves avaient donnés au professorat des sciences, et comment, grâce aux lumières et à la supériorité qui brillaient dans les chaires des facultés, l'enseignement de nos écoles était devenu un modèle pour l'Europe et un bienfait pour la France. En vain le ministre, cherchant une excuse dans une subtile interprétation de la loi de l'an XII, voulut se prévaloir de ce que les chaires données sans concours étaient nouvellement créées et rentraient par conséquent dans le cas de *nouvelle organisation* pour lequel la loi permettait d'exempter du concours. M. V. Lanjuinais, dans plusieurs répliques successives, n'eut pas de peine à démontrer que le législateur n'avait voulu entendre par *nouvelle organisation* que la création première des facultés, circonstance, en effet, où il eût été impossible, dans l'état de décadence où était l'enseignement, de trouver par concours un nombre assez considérable de professeurs qui, d'ailleurs, n'auraient pu être jugés par personne, puisqu'ils n'existait pas encore de juges pour les admettre. Ces considérations décisives furent approuvées par un grand nombre d'orateurs.

Le 19 mai 1840, M. P. Lanjuinais se fit entendre au sujet de la loi présentée pour le renouvellement du privilége de la Banque.

On le sait, de toutes les institutions modernes, il n'en est pas qui soient destinées à rendre de plus grands services à la société, mais aussi il n'en est pas qui présentent de plus grands dangers que les banques. Ainsi, tandis qu'en France, grâce peut-être à une prudence un peu mesquine et un peu égoïste, la Banque nationale a su traverser les crises funestes de nos révolutions et rendre, autant que sa propre sécurité le permettait, d'utiles services au commerce et à l'industrie de notre pays, la Banque d'Angleterre voyait à plusieurs reprises son crédit, profondément ébranlé, la conduire à deux doigts de sa ruine qu'elle ne parvenait à conjurer qu'en obtenant de Pitt le privilége exorbitant de ne plus échanger ses billets contre du numéraire, et les banques des États-Unis, entraînées par une déplorable concurrence, mettaient le commerce e   de ce riche pays en état de banqueroute permanente. Ces dangers, M. V. Lanjuinais voulait préserver la France, mais en même temps il voulait que notre Banque, au lieu de se complaire dans d'étroits calculs d'intérêt individuel, devînt réellement une institution nationale, protectrice de l'industrie française, et capable de venir en aide au gouvernement lui-même, en unissant plus intimement ses intérêts avec ceux de l'État. Le discours qu'il prononça en cette circonstance est, tout à la fois, un excellent et rapide traité élémentaire de la théorie et du jeu des banques, une critique éclairée et pleine de modération et de convenance de la conduite de la Banque de France depuis sa création, et une appréciation nette et sans exagération de l'avenir que les établissemens de ce genre peuvent réaliser. Toutefois, quelque complet que fût cet examen, M. Lanjuinais ne croyait pas la question suffisamment éclairée. Il trouvait de plus la prolongation de 25 ans, demandée pour les banques, trop considérable, en présence du progrès constant des lumières sur les matières économiques. Il s'efforça en conséquence, dans un amendement par lui proposé à la Chambre, de faire fixer l'expiration du privilége à l'époque où la Banque d'Angleterre demanderait le renouvellement du sien.

Dans la session suivante (1841), M. P. Lanjuinais prononce un discours rempli d'observations justes et d'aperçus élevés sur la politique de la France vis-à-vis de l'Europe et sur les alliances qu'elle devait naturellement rechercher. Il apprécie froidement les résultats produits par

l'alliance anglaise, et ceux qu'amènerait un rap-
prochement avec la Russie. Il montre la France,
constamment dupe jusqu'ici dans ses relations
avec cette dernière puissance, la laissant, sous
Napoléon, s'emparer de la Finlande, conquête
immense qui a fait faire un grand pas à l'empire
moscovite vers l'Europe, et sous la Restauration, lui permettant la guerre des Balkans, ache-
minement vers Constantinople, et n'obtenant,
en définitive, dans cette double circonstance, que
de stériles promesses promptement oubliées après
l'événement.

Tournant ses regards du côté de l'Angleterre,
il analyse les conditions d'existence et de force
de cette puissance ; il la voit irrésistiblement
productive, et cherchant par tout le monde des
débouchés pour son industrie qui ne peut vivre
que sur les ruines des industries rivales des autres peuples. Il demande alors ce qu'ira faire la
France, dont l'avenir commercial peut être bril-
lant, en s'unissant à l'Angleterre et quelle part
celle-ci lui laissera.

Enfin, l'Allemagne se présente à son examen.
Il la voit entrant comme la France dans des voies
nouvelles de régénération et d'organisation ma-
térielles, il en apprécie les besoins et la richesse.
Il considère la Prusse et l'Autriche au double
point de vue industriel et politique : la Prusse
procédant, avec un admirable esprit de suite,

et une remarquable intelligence de la situation, des désirs et des craintes des petits peuples qui l'entourent, à une confédération puissante, retenue par le plus énergique de tous les liens, l'intérêt. Il indique les obstacles qui doivent gêner cette puissance dans l'œuvre qu'elle entreprend : d'abord, l'ambition mercantile de l'Angleterre, qui aperçoit dans l'union douanière un danger et une menace pour son commerce, et puis l'ambition territoriale de la Russie, qui doit s'opposer à toute pensée d'agrandissement de sa voisine, de peur que, plus tard, celle-ci, devenue puissante, songe à lutter contre les empiètemens du tzar. Du côté de l'Autriche, pour celle-ci mêmes craintes et mêmes dangers : l'Angleterre veut conserver un vaste marché pour ses produits ; la Russie convoite les belles provinces orientales et danubiennes de l'empire autrichien, et vise à lui ravir, tôt ou tard, la prépondérance qu'elle exerce sur l'Allemagne entière.

L'orateur enfin, concluant, dit que deux puissances pèsent sur les destinées de l'Europe : l'Angleterre et la Russie, et que c'est aux autres peuples à chercher dans leur union une force de résistance qu'elles chercheraient vainement dans leurs seules ressources.

Comme on peut le voir, il est impossible de juger et d'analyser plus nettement l'état de l'Europe, et d'indiquer avec plus de sagacité les intérêts et les besoins des diverses puissances. La politique que conseille M. V. Lanjuinais est nouvelle encore, elle est simple pourtant, toute naturelle et parfaitement logique. C'est bien en effet contre la Russie et même contre l'Angleterre, quoique le moment ne soit peut-être pas éloigné où cette dernière, au lieu de menacer les peuples, aura assez à faire de se défendre contre l'écroulement de son immense empire, c'est bien contre ces deux insatiables ambitieuses que le reste de l'Europe doit se liguer pour protéger son indépendance à venir. Les vues de M. V. Lanjuinais sont donc parfaitement justes, et l'on ne saurait trop le louer ; car les vrais et intelligens politiques sont rares aujourd'hui. Nous ne savons si l'on reconnaîtra bientôt la justesse de ses prévisions et la sagesse de ses conseils, et si l'on se décidera à sortir de cette fausse routine qui pousse alternativement, depuis un demi-siècle, la France de l'ornière de l'alliance britannique dans l'ornière de l'alliance moscovite, mais tôt ou tard, avant ou après des malheurs futurs, nous avons la confiance qu'on reconnaîtra où est le danger pour l'Europe et où est le salut, et que les idées de l'homme d'État dont nous venons d'esquisser la vie politique seront adoptées sans conteste.

A. DE MARSAN.

IMPRIMERIE DE E. BRIÈRE, RUE SAINTE-ANNE, 55.